Rosaura Saraiva

Coletânea de Emoções

Rosaura Saraiva

Coletânea de Emoções

A Flor que nasce no Deserto

JustFiction Edition

Imprint
Any brand names and product names mentioned in this book are subject to trademark, brand or patent protection and are trademarks or registered trademarks of their respective holders. The use of brand names, product names, common names, trade names, product descriptions etc. even without a particular marking in this work is in no way to be construed to mean that such names may be regarded as unrestricted in respect of trademark and brand protection legislation and could thus be used by anyone.

Cover image: www.ingimage.com

Publisher:
JustFiction! Edition
is a trademark of
International Book Market Service Ltd., member of OmniScriptum Publishing Group
17 Meldrum Street, Beau Bassin 71504, Mauritius

Printed at: see last page
ISBN: 978-620-0-48921-0

O caminho que nos leva
ao autoconhecimento!

COLETÂNEA DE EMOÇÕES

Uma flor que nasce no deserto

Cigana Ro

2020

Organização de textos e digitação
Rosaura Saraiva

Projeto gráfico e diagramação
Rosaura Saraiva

Revisão Geral
Rosaura Saraiva

Capa
IMAGENS RETIRADA INTERNET

Contracapa
Texto de Rosaura Saraiva

Clube dos Autores

Sumário

Sou uma Saraiva

De cada um Saraiva eu levo e deixo um pedaço de mim, Pois somos um só aqui ou em qualquer lugar do mundo. Somos tão imperfeitos como qualquer ser humano ou qualquer família normal.

Porém somos uma família,
E não devemos esquecer-nos disso nunca
E ainda plantar estes sentimentos nas novas gerações.
Viemos todos de uma mesma origem
E de uma só semente,
Por isso somos muito mais irmãos do que primos, pais ou mães.
Somos acima de tudo Saraivas.
Assim meus pais esperavam que continuássemos
Amo cada um de vocês...
De uma maneira única e especial "

www.recantodasletras.com.br/autores/cigana Ro

Dedico, a todos que assim como eu, sofrem deste mal.

Mesmo em meio à multidão sentem-se sozinhos

Mesmo no mais absoluto silencio ficam atordoados pelo burburinho de seus pensamentos...

Mesmo que a vida material me seja farta, lhes falta vida.

Que são como uma flor que nasce no deserto,

Mesmo que tendo a beleza de uma flor, a terra lhes parece árida

Gratidão:

A meus filhos :Francielly e Phillipp que seguraram minha mão a cada onda que tentava me afogar

Ao meu filho Gabriel que me ilumina com seu amor puro e genuíno

Aos meus irmãos por não desistirem de mim, mesmo sem saber o que fazer comigo ou não entender o que se passa em minha cabeça

A minha terapeuta e amiga Vanessa Cavalheiro que me fez entender que ser diferente também é ser igual

Gratidão

Ao universo

A Deus

A mim mesmo, pois sou uma sobrevivente neste turbilhão de emoções

CHEGOU A HORA DE FALAR...

Falar de uma coisa, que todo mundo tenta fazer de conta que não vê, as pessoas preferem ignorar. Para não precisar admitir é triste... sim muito triste. Mas é real, nos acompanha no nosso dia a dia, eu hoje, com 50 e poucos anos consigo olhar para trás e admitir que sempre esteve ali, mas sempre tentei disfarçar... Cada tentativa era uma frustração, porque ela voltava, se fazia presente, e, em muitos muitas ocasiões atrapalhou nas decisões que devia tomar.

Apesar de todas minha convicções, crenças e até mesmo projetos de vida, ela chegava como uma onda do mar que derruba o castelo de areia na beira da praia.

De quem eu estou falando¿

Ah, estou falando da depressão, aquilo que Para muitos é conhecido como dengo, fricote ou mesmo como falta do que fazer, falta do que pensar, falta de serviço ou até falta de fé.

Pode acreditar: isto é uma doença!

Assim como, existem tantas síndromes, depressão não é uma opção de vida.

Muitas vezes os familiares não aceitam, te julgam fraco ou simplesmente preferem negar o fato acreditando que não valorizando o problema estão nos ajudando.

Podemos passar dias, meses, anos sem uma manifestação brusca, podemos disfarçar mas ela permanece ali.

Ontem alguém me disse que acredita, que reza muito para que a gente encontre a cura.

Deus! Quanto Eu rezei nesses anos todos, quanto eu pedi, quantas promessas eu fiz... é triste, olhar para trás e saber que eu sempre fui uma depressiva suicida, e, o que me pediu ir as vias de fato, foi o pingo de consciência, pingo de fé que me fazia pensar naqueles que eu amava naqueles que me amavam...
Esta uma doença, que é como uma erva daninha ela te consome aos poucos, ela se mistura entre as flores e quando percebe, ela tomou conta.
Sim é triste! Mas é real! não é fantasia que a gente cria.
Antigamente tentava descrever como um poço de paredes lisas, que quanto mais a gente tenta escalar mas a gente escorrega, e, cada vez que caímos de volta enfraquecemos. Precisamos ter uma corda para nos Tirar de dentro e essa corda nada mais é do que um abraço, um gesto de compreensão.
Neste momento precisamos de ajuda e não de críticas, nem cobrança. Não precisamos de alguém que nos aponte o dedo dizendo que você fez de errado para estar nessa situação, mas de alguém que entenda e o errado está dentro de você, então foi sua escolha. Pois, ninguém escolhe sofrer, não foi sua escolha chorar, não foi sua escolha querer morrer, é um sentimento que vem e não controlamos.
Não sabemos como fazer para se livrar dele, às vezes, achamos que chegou a hora de ter paz e aquietando nossa mente que nos cobra todo instante. Dar paz aos nossos amigos e familiares que não sabem como lidar com este problema.

O DESCONHECIDO NOS AMEDRONTA

Ouvi alguém falando sobre uma menina muito próximo a mim, apesar, de pouco ter contato com ela. Pela conversa entendi que ela sofre desse mesmo mal.

Uma menina jovem, tem toda uma vida pela frente, seus pais tem condições suficiente para lhe proporcionar qualquer tipo de tratamento. Mas, ouvi a pessoa dizer que crê que ela vai se curar, evitando falar sobre o tema. Senti na voz da pessoa, que falar sobre isto é um problema, vi em seu olhar a sombra da tristeza.

A mesma tristeza que eu via, no olhar dos meus familiares a referir-se a mim.

Em determinada ocasião, pensaram em me internar, talvez estivessem tentando me ajudar, mas eu não precisava ficar com estranhos, eu queria que me ouvissem, procurasse entender que a dor que me sufocava era real.

Sei que eles talvez não entendam, e quando não dominamos certo assunto, nos sentimos inseguros diante dele.

Na maioria das vezes, evitamos falar no monstro com medo que ele cresça e nos devore.

Creio que eles sofram também, pois o desconhecido amedronta.

Sempre me senti um problema para minha família. A doença é um problema eu concordo, mas o problema é bem maior para quem está vivendo. Enquanto a família vê como um problema, não consegue ajudar, não consegue aceitar...

O monstro toma força.

Ouso dizer, que é como uma deficiência; uma deficiência psicológica, quando a gente se perde em fantasias e frustrações... onde, perdemos o fio da meada das emoções, nos enrolamos feito novelo de lã em nossos sentimentos.
Quando, queremos amar acabamos nos machucando, quando acreditamos ser feliz o riso parece falso... é muito mais forte do que as pessoas possam imaginar.
Mas, precisamos falar no assunto, compartilhar nossos medos, conhecer a história de outras pessoas que sentem o mundo com a mesma intensidade, que somos um grupo pessoas especiais, sensíveis além da conta, conseguimos ter empatia pela dor do outro e sofrer como se fosse à nossa própria dor.
Se conseguissem romper as barreiras do medo, talvez mas houvesse uma aproximação maior daquele que está com depressão. Talvez, conseguissem ter empatia pela nossa dor, sem se sentir incomodado com o fato de sermos diferentes.
Hoje olho para trás, e, tomo consciência que, sempre fui assim ... sempre fui do jeitinho que eu sou, tem horas que é mais difícil e o pico parece que vai explodir dentro da minha cabeça, às vezes, consigo disfarçar aparentar que tudo está bem...
Busco a fé que existe dentro mim, me agarro a ela como uma tabua de salvação em alto mar. Me entrego ao trabalho como uma máquina, um trem em alta velocidade em cima do trilho, que é para não deixar a minha mente ansiosa para pensar besteira. Ou ainda me envolvo em um amor, incondicional, onde começo a me sabotar pois para não pensar nos meus problemas, vivo o problema de outra pessoa. Enterro minha cabeça, na tentativa de não

perceber o quanto meus fantasmas me assombram. Acreditando ser a forma de receber retalhos esse amor de volta. O que faço errado¿ não sei, ou talvez até saiba, mas não consigo ver não consigo mudar.

EVOLUÇAO E ACEITAÇÃO

Com o passar do tempo, conseguimos, entender que nossas emoções, são como estrelas que brilham com maior intensidade em noites que precedem um dia claro.
Nas páginas que se seguem, trago poemas, poesias e pensamentos que descrevem a oscilação de emoções assim como o grande esforço para entender sentimentos contraditórios
Para evoluir precisamos aceitar... assim como para aceitar precisamos evoluir. Esta teoria nos remete a grande pergunta: quem nasceu primeiro: o ovo ou a galinha¿
Independente da ordem estes fatores, precisam andar juntos.
E para que isso aconteça é necessário falar sobre o assunto...ou no meu caso escrever.
Mas expor, sem medo. Suas dúvidas e medos, seus anseios.
Suas pequenas vitorias.
As famílias precisam procurar entender o que se passa na cabeça de alguém que sofre de depressão

TUDO QUE SOMOS SÃO REFLEXOS

Do que vivemos e das escolhas que fizemos...
Como uma criança, sempre acreditei que nem o céu era o limite para vida!
A vida era o circo onde o palhaço é feliz!
O paraíso era o refúgio daqueles que amam!
Os anjos brilham pela beleza dos seus sentimentos!
A leveza e a paz de espírito era a maior riqueza que herdamos do amor!
A beleza era vista de dentro pra fora!
A música vem da alma, a dança é um culto de adoração e agradecimento!
Ao se retirar da multidão, sentíamos o céu ao nosso alcance!
Na escuridão da noite podíamos nos libertar nos tornando encantados!
Mas mesmo sonhos acabam quando a realidade nos espreita!
A lua brilha sem ter alguém para admirá-la...
A imagem se modifica no reflexo da verdade!
Anjos sofrem e não são poupados...
Muitas vezes são banidos, de suas próprias vidas...
A tempestade dos acontecimentos traz o medo...
O paraíso vira pedra...
Somos lançados diante da lua... Deixamos de ser seres mágicos!
Nos transformamos em sombras... Sem vida nem luz...
Olhando pela janela da vida, com os olhos turvos pelas lagrimas...
As imagens perderam sua nitidez...
Uma dúvida teima em ficar...

Onde está aquela que outrora acreditava fazer parte do sol?
Captando dele sua energia...
Onde está aquela que encontrava na lua sua magia? Para onde foi o amor que tanto proclamava... E que a mantinha viva?
Porque a lua agora não tem mais o mesmo brilho?
Porque a noite dá medo... Traz a solidão?
Onde foi que me perdi de mim mesma?

O ABISMO EM MIM

Olho em volta e vejo um grande vazio
Busco sustento, tateio o nada.
Assim me encontro,
Diante do abismo que há em mim.
Quem me conhece... Desconhece-me
Diante de tal impotência
Para o desconhecido sou alguém
Que não aceita sua existência
Nem tudo pode ser enfrentado...
Precisamos saber definir
Bem daqui onde estou
já não dá pra voltar

DEPRESSÃO

Poço profundo de paredes lisas
Sem nos dar conta nos deixamos cair...
Onde entramos sem perceber
E escorregamos de volta a cada tentativa de sair
Onde somos algozes de nós mesmos
Nos tornamos vítimas de nossas emoções
Traindo nossos sentimentos e crenças
Nos veem como dramáticos ou fracos
Nos sentimos impotentes diante de tantos rótulos
Indo diretamente ao encontro do auto abandono...
Quando o que precisamos de verdade é o não julgamento...
É o entendimento que se a corda da compreensão e amor
Com nós fortes de carinho e paciência...
É o que precisamos para escalar estas paredes de tristezas e desanimo...
Uma mão estendida pode salvar uma vida...
Libertar um espirito...
Curar uma mente...

PEITO COMPRIMIDO...

Tornando o ar denso e pesado...
Turvando meus olhos...
Marejados pelo esforço que é respirar...
Minha cabeça latejante confundem meus ouvidos
dificultando o entendimento do que é dito ao meu redor.
Lágrimas teimam em escorrer sem pudor.
Minhas lembranças me traem...
Passando o filme da minha vida...
Dando ênfase aos momentos de grandes amores e
também grandes perdas...
Meu corpo sente cada músculo retraído para se proteger
da dor... Em tímida oração...
Peço para que este tormento não se estender e peço
permissão para que eu possa entender.
Qual o aprendizado que a vida quer me dar.
Perdida entre o passado e o presente

PESSOAS QUE NÃO CONHEÇO

Batem a minha porta...
Não como pedintes ou vendedores...
Mas em busca de uma palavra de conforto...
Um abraço...
Alguém para simplesmente ouvi-los
Pessoas que não conheço
Dividem comigo sua intimidade...
Suas dores e males do corpo físico e espiritual..
Suas dúvidas e anseios...
Seus medos e crenças...
Compartilham suas expectativas de vida...
Seus sonhos...
A respeito disso só tenho a agradecer...
Á Deus por sua infinita misericórdia
Ao universo por sua inquestionável perfeição...
Aos mentores de luz por seu discernimento e sabedoria...
Expresso aqui a minha gratidão
Pela confiança em mim depositada ao permitir que estas pessoas se aproximem
Pela oportunidade dada a mim, de crescimento e evolução
Pela inspiração em colocar na minha boca palavras que auxiliam... Deixo aqui minha prece feita de coração...
Desejando que o vento com sua velocidade e capacidade de alcançar lugares mais inusitados leve o amor...
Disseminando a bondade e caridade a todos que sejam por ele tocados...
Espero que a chuva possa não só molhar a terra,
Mas, banhar a alma de cada um com muita fé e esperança

Acredito que o sol não tem só a função de revelar o dia,
Mas, também levar luz e calor humano a todo coração por ele tocado...
Nesta crença por um mundo mais humano...
Por pessoas mais conscientes de seu estado missionários da vida...

BATALHA INSANA

Há certas coisas pelas quais lutamos incansavelmente
Talvez por acreditar
Ou então inconscientemente para o mundo desafiar
Insistimos até nossas forças se esgotarem
Mesmo sabendo que a mudança independente de nosso esforço
O tempo passa...
As fissuras viram ferida
Os hematomas tornam se coágulos
As mágoas viram tumor
A vida transforma - se em dor.
De repente decidimos desistir desta batalha insana
Então percebemos que ela, já faz parte de nós.
E não conseguimos recuar
Que nosso coração está em migalhas
Que não temos forças pra recomeçar.

SINTO...

Como se estivesse nadando em mar aberto
Sem rota nem direção
Como se estivesse andando no deserto
Com a areia fina que turva minha visão Sinto...
Que minha bagagem é composta de quase nada
Mas tem o peso do mundo Que em meio à multidão...
Estou sozinha.

VIDA COMO DESERTO...

Seguimos um caminho sem ter um mapa...
Buscamos o Oásis para saciar nossos anseios
Sentimos a areia de o tempo correr sob nossos pés
Criando uma nevoa em nossos olhos...
Não nos permitindo a visualizar os passos dados...
Transformando em lembranças momentos felizes
E cicatrizes abertas às experiências doloridas.
Neste deserto encontramos muitos peregrinos,
Porem nossa viagem continua sendo solitária...
A vida como um deserto...
O vento move à areia das emoções...
O sol do tempo aquece nossos sentimentos...
Continuamos em busca do Oásis
Que tão longínquo nos parece...
Ao olharmos para os lados estamos sozinhos
E, não conseguimos rever o caminho feito...
Mas sentimos nos olhos o ardor da areia dos momentos
felizes Que o vento levou...

QUANDO O SER HUMANO

Entra em desespero ... Pelo seu fracasso,
Pela incompreensão da vida,
Espera que um psicólogo ou psiquiatra, um padre...
Forneça respostas bonitinhas
A respeito de como tudo funciona.
Responda de que forma poderia retirar
O insuportável sofrimento que carrega
E como tudo irá se desenvolver no futuro próximo.
Eles podem aliviar a dor
Delinear prováveis acontecimentos, Mas e daí?
É muito improvável que uma única resposta A
estes questionamentos resolvam o caso...
A vida pode se tornar um dragão feroz ...Feio e cruel
Perante o castelo de fantasia e sonhos dourados Que se
constrói ao longo de uma situação.

ANDAVA VAGANDO PELA VIDA

Perambulando pelos dias e noites
Em busca de algo que me devolvesse à fé...
A crença nas pessoas...
Nos motivos perfeitos da vida...
De repente descobri
Que procurava no lugar errado...
Pois tudo que precisava,
Estava dentro de mim mesma!!!

CADA INDIVÍDUO É ÚNICO

Tem experiências diferentes,
Força e fraquezas,
Necessidades e aspirações,
Então cada indivíduo
Tem uma capacidade imensa para determinar
O que é melhor para ele e como pode melhor
desenvolver-se.
Ao compreendermos melhor a nós mesmos
Estaremos dando o primeiro passo para nossa
melhora E conseguindo a verdadeira felicidade.
Desta maneira,
Podemos nos tornar pessoas melhores.

QUANDO DESTA VIDA ME DESPEDIR

Não te preocupes estarei ainda presente
Continuarei a existir
Em tudo que podes ver, mas, no que sente
Ao pó quero voltar...
Do alto de uma montanha verdejante
Alguém irá minhas cinzas jogar
Permitindo-me continuar como um viajante
Se sentires no rosto a brisa soprando
Se o orvalho da manhã te emocionar...
Estarei lá, teu coração acalentando
E para te fazer bons momentos, recordar
Se o sol... No auge do seu brilho, tua pele aquecer
Sinta como o calor dos meus braços que jamais iras esquecer
Se a noite, pela janela no teu quarto entrar
A claridade da lua em sua majestosa posição
Acredite, estarei com ela para acalentando teu coração
E... Ao adormecer... Se em mim pensar...
Creia... Pode até escrever...
Em teus sonhos irei te visitar!

A VIDA TUMULTUADA

O excesso de preocupação no trabalho,
Na relação afetiva,
Na família,
Nos afazeres domésticos,
Criam um ritmo mental acelerado
E uma constante tensão emocional e física.
O estresse ou o vazio existencial chega
E tudo a sua volta começa a se desarmonizar, Os
outros são culpados pela sua infelicidade!
Interessante como as pessoas não aceitam
aconselhamentos
Por acharem que ninguém as compreende,
Que todos desconhecem a verdadeira razão de seu
sofrimento
Por mais que as oriente nunca será o suficiente para
resolverem suas angústias.
Por sua vez, elas estão sempre ansiosas adiantadas,
vivendo o futuro
Nostálgicas,
Atrasadas, vivendo o passado;
Nunca conseguem acertar o relógio da vida no presente
Momento Aqui e agora.
Todas perguntam o que fazer, mas nenhuma segue a
orientação Teorias existem porque alguém experimentou
Mas em outra época e situação
Podem ser utilizadas como base
Parâmetro de comparação ou conhecimento Nunca
como regras.
Pois a vida é feita de ação e reação
E a cada momento isto muda de acordo com o meio.

OUTRORA,

Fui pessoa de muita fé
Até a vida sobre mim pode tripudiar
Colocando em echec minhas crenças
Mostrando-me que, devemos questionar Em
tudo sabemos... Que conhecemos...
Existe em outra versão
Pode ser vista sob outro ângulo diferente Daquele
que vemos...
E ao percebermos... Podemos machucar nosso
coração...
Podemos em muita coisa acreditar
Ter a consciência que não há verdade absoluta
Que devemos nossa existência aprimorar
Entendendo somos muito mais do que acreditamos
Não existe atalho para a qualquer lugar
Que valha a pena ir...
Por este motivo a vida
Apresenta-nos tantos caminhos tortuosos
Pois ela vale a pena ser vivida!!
De maneira intensa... Inteira...
Para no final da viagem,
Não termos a sensação
E tê-la visto passar como uma rápida paisagem
Observada pela janela de um carro em alta velocidade.

AUTOCONHECIMENTO

Todos falam de autoconhecimento
De viagem ao inconsciente
De dar vazão ao pensamento
De mergulhar no oceano profundo da mente Buscam para os sentimentos uma definição Uma forma de controlar...
Uma explicação...
Para escolhermos quem ou como devemos amar
Muitas são as teorias, as dicas e soluções
Sobre postura e comportamento
Apresentadas em livros, programas e discussões Como lidar com este sentimento...
Sabemos o quanto o corpo é importante Neste processo de evolução
Onde a teoria e pratica são redundantes Como separá-lo do coração? Talvez dor ou medo
Não buscamos o nosso corpo conhecer
Deixando como se fosse um grande segredo
A forma de nos auto proporcionar, prazer
Entendi o que era me amar...

QUANDO APRENDI OLHAR MINHA IMAGEM

Refletida no espelho
E soube admirar quem está atrás dela...
Quando consegui vibrar e me emocionar cantando,
Mesmo que minha voz desafine e saia do ritmo... Quando aceitei que meus questionamentos,
Por mais idiotas que possam parecer...
São como uma oportunidade de chegar
Mais perto de mim mesma
E da tão almejada sabedoria... Quando compreendi que,
Os anos não me tiram a beleza...
Mas agregam a ela tolerância. Amor... Sapiência...
Quando descobri, que ser corajoso
É assumir que tem medo
E, ser forte... É mostrar que tem fraquezas...
Quando, aprendi a desfrutar Da companhia da solidão...
Pois, ela me oferecer à imperdível oportunidade De estar comigo mesma!
Solitário... Não é quem vive sozinho
Mas quem não consegue conviver com seus próprios pensamentos
Cego... Não é quem não enxerga
Mas quem está com os olhos vendados para as pequenas
Belezas da vida
Triste... Não é quem chora
Mas quem não consegue demonstrar seus sentimentos
Doente... Não é quem sofre com uma enfermidade
Mas, quem maltrata com o rancor a própria alma
Surdo... Não é que não ouve

Mas quem não consegue escutar seu próprio coração
Mudo... Não é quem não fala
Mas quem não diz o que realmente sente
Deficiente... Não é quem consegue andar
Mas quem não faz um gesto de amor em direção do seu próximo
Excepcional... Não é quem tem problemas cognitivos...
Mas quem não aprendeu a reconhecer o milagre da vida.
Morto... Não é quem desencarna...
Mas quem em vida não vive!
Feliz... Não é quem vive num mar de rosas Mas quem sabe viver...

PARADA DIANTE DO ESPELHO

Vi uma imagem refletida
Busquei a pessoa que outrora Habitara dentro dela...
Diante da ausência desta,
Olhei para trás e mentalmente Refiz o caminho percorrido...
Com muita emoção...
Ou, pela falta dela...
Como que, arrancando as pétalas de uma rosa,
Desnudei-me com muita calma
Numa tentativa insana
De encontrar minha alma!
Porem... Havia ali um corpo disforme pelo tempo,
Lábios contraídos pela dor, Olhar perdido pelo sofrimento
E... Um coração seco pela falta do amor...

CERTAMENTE ALCANÇAREI

Nem a tristeza, Nem a desilusão,
Nem a incerteza, Nem a solidão,
Nem o desespero, Nem a descrença,
Muito menos o ódio... Ou alguma ofensa, ...
Nada me impedirá de sonhar
Em meio às trevas, Entre os espinhos,
Nas tempestades... E nos descaminhos,
Nada me impedirá de tentar
Errando e aprendendo, Tudo me será favorável, tudo me será necessário, ... Para que eu possa evoluir,
Preservar, Servir, Cantar... Agradecer, Perdoar, ...
Tudo pra que eu possa Recomeçar...
Quero viver o dia de hoje Como se fosse o primeiro, como se fosse o último, Como se fosse o único.
Quero viver o momento de agora Como se ainda fosse cedo como se nunca fosse tarde. ...
Acreditando que um dia serei plenamente feliz
Quero manter o meu otimismo,
Conservar o meu equilíbrio,
Fortalecer a minha esperança,
Recompor as minhas energias,
Para prosperar na minha missão...
E saber que o pude fazer eu, fiz
E viver alegre todos os dias.
Quero caminhar na certeza de chegar,
Quero buscar na certeza de alcançar,
Quero lutar na certeza de vencer,
Quero plantar e esperar
Para poder realizar as ideias do meu ser...
Enfim, quero dar o máximo de mim,

Quero ter humildade,
Saber entender,
Aceitar minha fragilidade
Aprender a perder...
Só assim saberei o valor de ganhar para viver intensamente
E maravilhosamente todos os dias de minha vida!
Que eu lembre-se sempre: querer é poder!
Tudo que eu desejar na vida,
Certamente alcançarei, pois a vida, ...
É este grande momento de todos nós!

COM O PASSAR DO TEMPO...

Com experiências adquiridas...
Com a vivência...
Agregada a um currículo
Profissional e cultural
Criamos uma imagem
Adotamos posturas...Esta maturidade imatura
De mulher independente
Numa dependência absoluta
De nos proteger os sentimentos E emoções...
Assustamos para não enfrentar O que nos assusta...
Tornando-nos admiráveis e temidas Desejadas e repudiadas...
Porem inatingíveis e seguras!! Quando... Sem avisar
Alguém atravessa nosso caminho Penetra nosso íntimo...
Rompendo a fina membrana
Que nos separa do real e o imaginário Obrigando-nos a rever... Reavaliar...
Provocando um inevitável confronto
Com aquela que outrora
Fazia frente em meu coração.

COMO DESCREVER ESTA CRIATURA

Chamada mulher?
É feminina... Sensível... Amável,
Muitas vezes como crianças
Precisando de colo e cuidado
Sufoca sua insegurança
Para não perder a força.
Ela é ternura quando envolve,
É segredo quando encanta.
Apesar de todo medo que possa ter
Está sempre pronta para aos seus defender
Assim como a lua... Ela tem as suas fases,
Todas imprevisíveis,
Intensa em suas emoções...
Segura em suas decisões
Todas incomunicáveis.
A razão da sua vida
Nem sempre é racional
Sua paz interior... É meta de vida,
A mulher é o maior de todos os mistérios,
Quando sente um vazio na alma,
Quando acredita que ainda está faltando algo,
Mesmo tendo tudo,
Remete seu pensamento para os seus desejos
Mais íntimos e busca a divindade que existe em seu ser.
Já faz algum tempo que não deixo aqui qualquer rastro.
E que posso eu dizer?

O AMOR...

Pode nascer de um olhar,
De um toque ocasional...
De uma piada sem graça...
No fervor de uma discussão...
Mesmo assim.
Ele iluminara seu coração!
Ele nos faz ver o invisível...
Perdoar o imperdoável...
Esquecer o inesquecível...
Às vezes... Até deixamos de ser responsáveis!
Quando perdemos este amor...
Abre-se uma gigantesca ferida
Somos derrubados pela dor
E, Morremos em vida!
Será que é isto o amor?

AMO AMAR O AMOR

O objeto deste sentimento
Não tem nome nem cor
Não tem características particulares
Ele é singelo em sua grandeza Discreto em todo seu brilho
Profundo mesmo a flor da pele Intenso e mágico...
Dentro da realidade da vida. Amo esta sensação de amar...
Que preenche meus pensamentos...
Que me faz transbordar de uma energia luminar Que me transmite animo e esperança
Que me faz ver a beleza nos detalhes do dia-a-dia Que me faz acreditar que ainda felicidade Amo acreditar no amor...
Recupero minha força
Diante da fraqueza dos meus sentimentos Sinto-me privilegiada em inteligência cognitiva
Apesar de desprovida de estabilidade emocional...
Amo... Simplesmente... Amo!

A DANÇA...

Embala... Balança... Anima... Encanta...
Torna-nos criança
Nossa auto estima levanta...
A dança...
Da vida... Ou da morte
Da alegria... Ou do lamento... Do azar...
Ou da sorte...
Faz viajar em pensamento...
A dança...
Expressão corporal...
Para o espírito... Libertação...
Comunicação gestual...
Para alma ascensão...
A dança...
No tempo... E no espaço... Dois corpos
unidos ou não Seguindo o compasso...
Que dita o coração...
A dança...

NÃO POR OPÇÃO

Nos dias de hoje, a ordem é:
Curtir legal
Ficar uma noite...
Para um sexo casual!
Não falar em romance...
Compromisso... Nem pensar!
Portanto nem se canse...
Tentando conquistar...
Na minha vida, tenho uma opinião
Acredito num sentimento real
Abro meu coração
E descubro o quanto o outro é especial...
Assusto? Dou medo?
Não importa... Não tenho segredo...
Estou sozinha não por opção
Mas por que, sobre a vida tenho uma posição.

ENCONTRO AS ESCURAS...

Busca no escuro
Do que a luz não me deixa ver.
A beleza que...
Só o coração sabe entender...
Tudo é sensorial...Tudo irreal...
É sem igual...
Cada sentido muito especial...
A razão de ser e estar...
Encontrando motivação
Descobrindo o que é amar...
Dando novo sentido a visão...
Cada momento... Ganha em proporção...
Visualizamos em pensamento...
Aos nossos desejos dando vazão...
Aparência? Perfeição?
Nos gestos e nas palavras encontramos
Formamos nossa opinião...
Descobrimos quem somos e o que realmente
amamos.

OLHAR...

Perdido...
Duvidoso...
Sentido...
Saudoso...
Olhar... Intenso...
Marcante...
Profundo...
Confiante...
Olhar... Frustrado...
Assustado...
Amedrontado...
Magoado...
Olhar... Apaixonado...
Dengoso...
Excitado...
Teimoso...
Olhar... Que a vida traduz...
Que fala pelo coração...
Que reflete luz...
Que demonstra toda sua emoção!

SAUDADES...

Do que fui...
Do que sonhei ter sido...
Das noites intermináveis de amor...
Ou a espera dele.
Dos momentos vividos...
Ou daqueles que não pude viver...
Saudades... Do sol fazendo brilhar minha lagrimas
De vitórias conquistadas...
Ou da chuva se misturando a elas
Pelo medo de não ser amada...
Saudades... De viver um grande amor...
De acreditar por ele esperar...
Ou de sofrer a imensa dor...
Pela possibilidade de você não me amar...
De falar com os olhos...
Ouvir com o coração...
Sentir com a alma...
Viver pela emoção...
Saudades... De mim!

CADA FACE...

Traduz uma história de vida,
Vitorias conquistada...
Traz em seus traços...
Marcas do tempo...
Dá vida e forma
Ao pensamento...

FUI PRIVILEGIADA

Com um bom desenvolvimento cognitivo...
Porem um precário sentimental...
Sei que na vida tudo tem motivo de ser.
Tudo para nossa evolução...
Tive muitas e intensas alegrias...
Assim como enfrentei problemas sem solução
Vivi momentos inesquecíveis...
Muito acreditei... Muito me entreguei...
Sofri decepções indescritíveis...
Este foi o alto preço que paguei...

OLHO AO REDOR...

O mundo gira...
As pessoas mudam...
A natureza evolui...
E... Numa inércia incontida...
Permaneço presa ao meu próprio casulo...

QUE DOR É ESTA

Que aflige meu coração?
De onde vem? Onde quer me levar?
Por que diz ser a dor da paixão?
Será que nasci com ela
Ou ela nasceu em mim?
Porque insiste tanto em ficar?
Será que é um mal sem cura
Ou a cura para o mal de amar?
Agora fica uma pergunta:
Será que há dores “menores
No fundo a minha dor...
É uma sensação que oprime
Que cria esquinas
Entre um saber que dói
E a delícia de saber ...Viver sem dor
Tira-me o sono... O equilíbrio... A razão...
Deixa-me triste... Abatida... Cansada...
É uma dor física... Portanto não é ilusão!
Este é o Grito da dor-
Que há em mim

DESEJO A VOCÊ...

A mim...
A nós...
Desapego a matéria
Humildade aos Arrogantes
Benevolência aos Impiedosos
Contentamento aos insatisfeitos e Ciumentos
Paciência e compreensão aos Coléricos
Perseverança e coragem aos Indolentes
Sabedoria de ser aos Ignorantes
Pré-julgamento seja banido do coração
E a sinceridade e o amor substituam a Falsa distinção

A VIDA É UM PRESENTE

O qual devemos aproveitar
Para resgatar valores perdidos,
Sentimentos confusos
E a beleza escondida no cotidiano corrido...
Poderemos sempre recomeçar...
Seja em outra vida...
Em um ano novo...
No próximo aniversario...
Ou hoje mesmo!!
Buscando o melhor para nosso crescimento E
entendimento desta maravilha Que chamam:
Vida!!!

UMA FLOR QUE NASCE NO DESERTO

Enfrenta todos os dias a batalha de sobrevivência
Mesmo em meio ao calor escaldante das emoções
confusas precisa manter suas pétalas.
Mesmo em terra árida, onde as frustrações e medos
tentam lhe sucumbir... ela luta pela sua vida.
A noite, estrelada apesar de quente, serve como balsamo
para que respire e tome força para enfrentar um novo dia.
A flor que nasce no deserto
Nos representa...sofremos por causa da depressão.
E ao acordar todas as manhas sabemos que as gotas da
agua será essencial.
Sou depressiva!
Venço uma batalha por dia!
Estou de pé!
Não quero que tenham pena.
Somente que me aceitem e respeitem minha necessidade
de ser ouvida.

Printed by Books on Demand GmbH, Norderstedt / Germany